35 frases para Meditar, Reflexionar y Agradecer

Por Adriana Rodríguez

Libreta para meditar, reflexionar y agradecer de:

_____

En la sociedad actual estamos tan sumergidos en el torbellino diario que muchas veces nos olvidamos de lo más importante: nosotros mismos. Es fácil caer en la rutina y perder de vista nuestras necesidades emocionales y espirituales, y esto nos lleva a sentirnos perdidos y desorientados.

En frases para *meditar, reflexionar y agradecer* encontrarás una forma de recordar la importancia de tomar tiempo para nosotros mismos, para detenernos y reflexionar sobre nuestro camino y las bendiciones que recibimos en él. Con sus palabras sabias y con un gran camino recorrido, Adriana Rodríguez nos ayudará a encontrar ese equilibrio. Vamos a agradecer, reflexionar y a meditar, para encontrar la serenidad y la paz interior que tanto anhelamos.

Estas 35 frases inspiradoras de Adriana Rodríguez de su libro Insólito Susurro son una invitación para hacer una pausa en nuestro ajetreado ritmo de vida y recordar lo que realmente importa. Con cada una de estas frases, la autora nos invita a reconectar con nosotros mismos, a enfocarnos en lo positivo y a ser agradecidos por las bendiciones que recibimos cada día.

Este libro es como un oasis, una bocanada de aire fresco en medio del caos de la vida diaria. Una oportunidad para detener el tiempo y oler las flores, para reflexionar sobre nuestro camino y celebrar todo lo que hemos logrado hasta ahora.

La libreta para *meditar, reflexionar y agradecer* es una carta de amor a nosotros mismos. Una oportunidad para encontrar la paz, la serenidad y el equilibrio que necesitamos para seguir adelante con fuerza, determinación y gratitud.

Te invito a meditar, reflexionar y agradecer por tu vida, por tu trayectoria, todas las personas que te han acompañado hasta este momento y por tu futuro.

Adriana Rodríguez

La meditación, el agradecimiento y la reflexión son prácticas que pueden tener un impacto significativo en tu cuerpo, mente y espíritu. Aquí te presento algunos de los beneficios que se han asociado con estas prácticas:

Cuerpo:

- Reducción del estrés y la ansiedad
- Mejora la calidad del sueño
- Aumento de la tolerancia del dolor
- Disminución de la frecuencia cardíaca y la presión arterial
- Mejora del sistema inmunológico y la reducción de la inflamación

Mente:

- Aumento de la capacidad de concentración y el dominio de la atención
- Mejora de las relaciones sociales y la empatía
- Aumento de la autoconciencia
- Aumento de la creatividad y la imaginación.

Espíritu:

- Ayuda a conocerse mejor
- Ayuda a encontrar la paz interior
- Aumenta la paciencia
- Aumenta la tolerancia

Es importante mencionar que estos beneficios pueden variar de persona a persona y pueden requerir práctica constante y prolongada para manifestarse. La duración de 35 días seguidos aquí propuestos puede ser un período de tiempo suficiente para comenzar a experimentar algunos de estos beneficios, pero cada individuo puede tener una experiencia única.

"El universo tiene grandes planes para ti. ¡Siéntete feliz de tener la capacidad de creer en ti!"

Adriana Rodríguez

Día 1

Medita y reflexiona:

El universo es inmenso y misterioso, pero a pesar de nuestra pequeñez, tiene reservados grandes planes para todos nosotros. Cada uno de nosotros tiene un propósito y una misión personal en la vida, y es nuestra responsabilidad descubrirlo y llevarlo a cabo con determinación y perseverancia. Debemos tener la capacidad de creer en nosotros mismos y en nuestras habilidades, ya que solo así podremos alcanzar nuestras metas y objetivos en la vida.

Siempre habrá obstáculos y desafíos en el camino, pero es importante recordar que cada dificultad nos hace más fuertes y nos ayuda a crecer como individuos. La felicidad y la realización personal no son un destino final, sino un proceso constante de crecimiento y aprendizaje. Debemos apreciar cada paso del camino y celebrar nuestras victorias, grandes y pequeñas.

No permitas que el miedo o las dudas te detengan. Siéntete agradecido por la oportunidad de estar vivo y de tener la capacidad de crear tu propia realidad. Cree en ti mismo y en tus sueños, y trabaja duro para hacerlos realidad. El universo te está guiando hacia un futuro brillante y lleno de posibilidades. ¡Aprovecha al máximo esta gran aventura que es la vida!

Hoy Agradezco por:

_____

_____

_____

_____

_____

_____

_____

_____

_____

_____

"Reinvéntate para seguir creciendo

y

crear valor."

Adriana Rodríguez

Día 2

Medita y reflexiona:

No hay nada más emocionante que el proceso de reinventarnos a nosotros mismos. A veces, nos encontramos en situaciones en las que sentimos que hemos llegado a un callejón sin salida y que no podemos avanzar. Es en estos momentos decisivos en los que necesitamos recordar que somos capaces de crear valor inimaginable en nuestro propio camino.

La verdad es que todos enfrentamos momentos difíciles en nuestras vidas, pero lo que nos diferencia y nos lleva a un nivel superior es cómo afrontamos esos desafíos. Debes ser consciente de que tienes en tus manos la capacidad de crecer y desarrollar nuevas habilidades, lo que te permitirá superar cualquier escollo que se te presente.

Reinventarte no significa necesariamente que debas cambiar por completo lo que eres, sino que simplemente debes buscar nuevas formas de desarrollar tus habilidades y talentos naturales. Todo esto se traducirá en un valor que podrás ofrecer a tu vida, a tu comunidad y al mundo en general.

Si te encuentras en una encrucijada y sientes que no puedes avanzar, no te rindas. Toma una mirada honesta en tu interior y descubre todo el potencial que hay en ti. ¡Recuerda que tu capacidad de crear valor nunca se agota! Reinventa quién eres y sigue creciendo para lograr todo lo que te propongas. ¡Adelante, el éxito está esperando por ti!

Hoy Agradezco por:

_____

_____

_____

_____

_____

_____

_____

_____

"Impulsa lo que amas, suéltalo al universo y sé libre. El universo te abrirá las puertas."

Adriana Rodríguez

Día 3

Medita y reflexiona:

Cuando encontramos aquello que nos apasiona, podemos sentir cómo nuestro ser se ilumina y nuestra alma se llena de energía. Es en ese momento en el que debemos impulsar con todas nuestras fuerzas aquello que nos mueve, y no dejar que el miedo nos detenga.

Debes saber que el universo está a tu favor, y si tu intención es noble y tu corazón está lleno de amor y pasión por lo que haces, el universo te responderá de la mejor manera posible. Así que no tengas miedo de soltar tus sueños al mundo, de compartir tus ideas y de ser libre para crear.

Recuerda que el éxito no se mide en términos de dinero o posición social, sino en la capacidad de seguir el camino que has elegido con plenitud y satisfacción. Si amas lo que haces, estás destinado a encontrar la felicidad y la realización.

Así que no temas, impulsa lo que amas, suéltalo al universo y sé libre. El universo te abrirá las puertas de la creación y el éxito te seguirá a cada paso. ¡El éxito verdadero está en la libertad de seguir tus sueños y hacer realidad lo que te hace feliz!

Hoy Agradezco por:

_____
_____
_____
_____
_____
_____
_____
_____
_____
_____

"Acostúmbrate a sonreír, acostúmbrate a que nadie te quiere hacer daño."

Adriana Rodríguez

Día 4

Medita y reflexiona:

La vida es un camino lleno de obstáculos y desafíos, pero es en nosotros donde radica el poder de decidir cómo enfrentarlos. Una sonrisa sincera es el arma más poderosa que tenemos para hacer frente a cualquier adversidad que se nos presente en nuestra travesía. Acostúmbrate a sonreír aunque el mundo te muestre su lado más oscuro, a irradiar alegría aunque afuera llueva tempestades.

No te dejes llevar por las voces que buscan dañarte, no permitas que la negatividad de los demás te afecte. Recuerda que todos tenemos un propósito en la vida y que es nuestra tarea encontrarlo. Mientras lo hacemos, no hay mejor manera de hacerlo que disfrutando cada momento con una sonrisa en el rostro.

Acostúmbrate a sonreír y a quererte a ti mismo, de esta manera irradiarás luz a tu alrededor y atraerás personas positivas a tu vida. Recuerda que eres dueño de tu felicidad y es tu responsabilidad no permitir que nadie la opaque.

Siéntete orgulloso de ser quien eres, de tus fortalezas y debilidades, de tus logros y fracasos. Todo lo que sucede en nuestra vida nos moldea y nos lleva a ser quienes somos hoy. Acostúmbrate a ser feliz y agradecido por todo lo que tienes, y verás cómo la vida te sorprende con cosas maravillosas.

Hoy Agradezco por:

_____

_____

_____

_____

_____

_____

_____

_____

_____

"La imaginación es un poder que llevamos dentro y nos hace infinitos."

Adriana Rodríguez

Día 5

Medita y reflexiona:

La imaginación es el motor de la creatividad y la fuente de todo lo nuevo y sorprendente que existe en el mundo. Es esa chispa que inicia el fuego de la determinación, la pasión, y el coraje que nos hace ser grandes y lograr cosas increíbles. En cada persona la imaginación es una fuerza increíblemente poderosa, ya que nos permite alejarnos de la realidad y viajar a lugares donde todo es posible. Nuestra mente puede construir mundos de ensueño, llenarlos de maravillas, y abrirnos una ventana que nos permita ver más allá de lo que los ojos físicos son capaces de observar.

La imaginación es el poder que nos vuelve infinitos, porque nos permite ser quienes queramos ser, ir donde queramos ir y lograr lo que queramos lograr. Así que nunca subestimes el poder de tu imaginación, porque dentro de ella encontrarás la fuerza necesaria para soñar en grande y alcanzar todo aquello que hayas imaginado. La imaginación es un don supremo que debemos aprovechar al máximo, ya que es el boleto que nos lleva al éxito y nos hace inmortales.

Hoy Agradezco por:

_____
_____
_____
_____
_____
_____
_____
_____
_____
_____

"Yo soy el resultado de cómo actuó, cómo respondo, cómo decido sentirme ante lo que me sucede."

Adriana Rodríguez

Día 6

Medita y reflexiona:

Cada uno de nosotros es responsable de nuestra propia vida. Las decisiones que tomamos y las acciones que realizamos tienen un impacto directo en nuestro presente y futuro. Lo que nos sucede puede ser a veces inesperado y desafiante, pero es nuestra respuesta a esas situaciones lo que realmente define nuestra fortaleza y determinación.

Siempre hay opciones disponibles, incluso en los momentos más difíciles, y tú tienes el poder de elegir la mejor respuesta para ti. Cada momento es una oportunidad para aprender, crecer y evolucionar. A veces podemos cometer errores, pero estos errores no nos definen, son simplemente una lección más en el camino hacia el éxito.

Recuerda que tienes dentro de ti la capacidad de alcanzar tus metas y superar cualquier obstáculo. Con determinación y una actitud positiva, puedes lograr todo lo que te propongas. Sé valiente y confía en ti mismo, ¡tú eres el resultado de tu propia determinación y el éxito está a tu alcance!

Hoy Agradezco por:

_____

_____

_____

_____

_____

_____

_____

_____

_____

_____

"Enamórate de las pequeñas cosas: tus pensamientos, tus palabras y tus sentimientos cambian positivamente con nuestros pequeños cambios."

Adriana Rodríguez

Día 7

Medita y reflexiona:

Cada día, la vida nos presenta pequeñas oportunidades que pueden cambiar el rumbo de nuestro camino. Quizás no sean los eventos más grandes, los más llamativos o los más esperados, pero son estos pequeños momentos los que nos enseñan el verdadero valor de la vida que tenemos. Enamórate de las pequeñas cosas y descubre el potencial que anida en tus gestos más insignificantes.

A veces, la felicidad puede parecer algo lejano, algo que requerirá de grandes sacrificios o grandes hazañas. Pero la verdad es que la felicidad suele encontrarse justo delante de nosotros, en las pequeñas cosas que a menudo pasamos por alto. Ese saludo cálido de un amigo, el aroma de un café recién hecho, el sonido de un pájaro cantando al amanecer, son las pequeñas cosas que nos hacen sentir vivos y llenos de alegría.

Prestar atención a estas pequeñas cosas, nos permite reconocer que el camino para cumplir nuestros objetivos no tiene que ser difícil o largo, sino más bien, se trata de estar presentes en cada momento y disfrutar de lo que la vida nos ofrece. Si nos enfocamos en lo positivo, las pequeñas cosas pueden llevarnos a grandes logros.

El amor propio, también radica en los pequeños detalles, en reconocer y valorar lo que hacemos y la contribución que tenemos en el mundo. Aprecia cada pequeño avance sin importar cuán grande o pequeño sea, y confía en que estás creando algo extraordinario día a día.

Enamórate de las pequeñas cosas, porque son ellas las que hacen que cada día sea especial y lleno de disfrute. Conviértete en una persona que valora cada movimiento y que sabe apreciar los detalles más simples. Haz que cada día cuente y que cada pequeño paso te acerque a la persona que quieres ser, elevando tus pensamientos, palabras y sentimientos a una vibración positiva que te acercará a la felicidad plena.

Hoy Agradezco por:

_____

_____

_____

_____

_____

_____

_____

_____

_____

_____

"Nuestro interior tiene una riqueza y un potencial enorme que nos permite estar serenos y felices, independientemente de lo que el mundo esté atravesando fuera de nosotros."

Adriana Rodríguez

Día 8

Medita y reflexiona:

Cuando aprendemos a conectar con nuestro yo interno, nos damos cuenta de que poseemos un diamante en bruto dentro de nosotros. Esta joya no se desvanece con las crisis externas ni se ve afectada por las circunstancias adversas. En momentos difíciles, es importante recordar que nuestra verdadera riqueza se encuentra en nuestro interior.

La clave para desbloquear nuestro potencial es cultivar una mentalidad de gratitud y aceptación. En lugar de enfocarnos en las cosas que nos faltan o en las dificultades que enfrentamos, debemos aprender a valorar lo que tenemos y a encontrar la belleza en cada situación. Al hacerlo, nos abrimos a recibir nuevas oportunidades y a crear un camino hacia nuestra felicidad.

Además, debemos recordar que no somos seres solitarios en el mundo. Si nos sentimos abrumados, siempre podemos encontrar apoyo y orientación en las personas que nos rodean. No tengamos miedo de pedir ayuda cuando la necesitemos y de compartir nuestra riqueza interior con los demás.

Al reconocer y desarrollar nuestra riqueza interior, podemos encontrar la serenidad y la felicidad en cualquier circunstancia. Al cultivar la gratitud y aceptación, conectamos con nuestro potencial y creamos un camino hacia una vida plena y significativa. ¡No subestimes el poder de tu interior y ponte en marcha hacia una vida mejor!

Hoy Agradezco por:

_____

_____

_____

_____

_____

_____

_____

_____

_____

_____

"Hoy comienza mi mejor temporada, mis mejores momentos viviendo en el presente, en el agradecimiento."

Adriana Rodríguez

Día 9

Medita y reflexiona:

Hoy, te invito a comenzar una nueva temporada en la que puedas vivir tus mejores momentos. Es tiempo de dejar atrás cualquier obstáculo, miedo o inseguridad que te haya impedido disfrutar plenamente de la vida. El presente es un regalo, y es importante que sepas cómo valorarlo y agradecerlo.

Agradece por cada experiencia que hayas vivido, por cada persona que haya cruzado tu camino y por cada lección que hayas aprendido. Todo esto te ha hecho quien eres hoy, una persona valiente y resiliente. Tómalo todo como un aprendizaje y continúa avanzando.

Aprovecha cada oportunidad que se presente, aunque a veces el miedo nos paralice, es importante recordar que sólo vivirás esta temporada una vez. Así que, vive con pasión, amor, alegría y gratitud.

Recuerda que eres capaz de lograr lo que te propongas, tus sueños son posibles, sólo necesitas creer en ti, en tus habilidades y en tu potencial. Confía en el camino que has trazado para ti mismo, y de vez en cuando, permítete ser sorprendido por la vida.

Hoy, comienza tu mejor temporada. ¡Disfrútala al máximo!

Hoy Agradezco por:

_____

_____

_____

_____

_____

_____

_____

_____

_____

"Mi vida es preciosa y dentro de mí tengo todo lo que necesito para ser feliz y exitoso."

Día 10

Medita y reflexiona:

Desde que nacemos, traemos con nosotros un don precioso: la vida. Cada día, cada instante, es una oportunidad para crecer, para amar, para crear, para soñar y para alcanzar nuestras metas. ¿Qué más necesitamos para ser felices y exitosos?

La clave está en reconocer que dentro de nosotros mismos tenemos todo lo que necesitamos para lograr nuestros sueños. Quizás pensemos que necesitamos más dinero, más contactos, más conocimientos o más habilidades. Pero olvidamos que la verdadera fuente de éxito y felicidad está en nuestro propio interior: nuestra mente, nuestra actitud, nuestra creatividad y nuestra pasión.

Si miramos hacia adentro, veremos que hay una chispa de luz que siempre está brillando, una voz interior que nos guía hacia lo que realmente queremos, y un corazón que late con entusiasmo y alegría cada vez que hacemos algo que nos apasiona. Es a esa fuente de energía y sabiduría a la que debemos prestar atención, en vez de buscar afuera lo que ya está dentro de nosotros.

La vida nos regala cada día muchas oportunidades para aprender, para ser mejores personas, para encontrar nuestro propósito y para disfrutar de todo lo que tenemos. La clave está en valorar lo que tenemos, en aprovechar cada momento, en trabajar con pasión y perseverancia, y en confiar en nuestro propio potencial. Sigue adelante con entusiasmo, con confianza y con gratitud. Recuerda que eres un ser único y valioso, con mucho que ofrecer al mundo. ¡Atrévete a ser quien realmente eres!

Hoy Agradezco por:

_____

_____

_____

_____

_____

_____

_____

_____

_____

_____

"Nadie es el producto de sus circunstancias, pero sí el producto de sus elecciones."

Adriana Rodríguez

Día 11

Medita y reflexiona:

Cuando enfrentamos situaciones difíciles o desafiantes, a menudo nos sentimos desalentados y nos preguntamos cómo nos hemos llegado a donde estamos. Pero la verdad es que nuestras circunstancias no definen quiénes somos. En lugar de eso, somos el resultado de nuestras elecciones y decisiones.

Cada día, tenemos la oportunidad de elegir cómo respondemos a los desafíos que se nos presentan. Podemos dejarnos arrastrar por el miedo y la ansiedad, o podemos tomar acción y luchar por lo que queremos. Podemos culpar a los demás por nuestras dificultades, o podemos tomar responsabilidad por nuestras propias acciones y decisiones.

No importa de dónde venimos, qué obstáculos hemos superado o qué desafíos todavía nos esperan por delante. Lo que importa es lo que hacemos con lo que tenemos. Cada día es una nueva oportunidad para elegir, para crecer y para construir la vida que deseamos.

Nunca subestimes el poder de tus elecciones. Cuando decides enfocarte en las soluciones en lugar de los problemas, cuando tomas riesgos y te abres a nuevas posibilidades, estás definiendo el camino que deseas seguir. Aunque nada puede cambiar tu pasado, siempre puedes elegir tu futuro. Así que sigue adelante con confianza, determinación y la certeza de que eres el arquitecto de tu propia vida.

Hoy Agradezco por:

_____

_____

_____

_____

_____

_____

_____

_____

_____

_____

"Ser humilde no es ser pobre ni sentirse menos; es ver el universo con tu alma pura."

Adriana Rodríguez

Día 12

Medita y reflexiona:

Ser humilde es una virtud que se construye con amor propio y empatía hacia los demás. No se trata de ocultar tus habilidades o capacidades, sino de reconocer que cada ser humano tiene algo valioso que aportar al mundo. La humildad te permite ver más allá de los títulos y las apariencias, y valorar a las personas por su esencia y su carácter. Ser humilde es un acto de grandeza, porque te enseña a aceptar tus errores y a aprender de ellos para crecer como persona.

Cuando eres humilde, te liberas de la presión de la vanidad y la egoísmo, y te abres a la experiencia de conectar con los demás desde el corazón. La humildad no es un signo de debilidad, sino de fortaleza, porque te da la capacidad de enfrentar cualquier situación con equilibrio y serenidad. Así que, si quieres ver el universo con tu alma pura, cultiva la humildad en tu vida y pon tus dones al servicio del bien común.

Hoy Agradezco por:

_____

_____

_____

_____

_____

_____

_____

_____

_____

_____

"Ahí donde nace la crisis y los problemas más difíciles de resolver, también nace la esperanza, el agradecimiento y un amor tan propio tan profundo que puede inspirar y mover montañas."

Adriana Rodríguez

Día 13

Medita y reflexiona:

En la vida todos pasamos por momentos difíciles, por situaciones que nos hacen cuestionarnos todo lo que nos rodea. Muchas veces estos momentos nos abruman y sentimos que no tenemos salida, pero es ahí en donde debemos recordar que dentro de nosotros mismos está la clave para cambiar nuestra situación.

La crisis puede ser un momento de oportunidad, una forma de aprender y crecer. Es en estos momentos donde la esperanza y el agradecimiento se vuelven esenciales, al reconocer lo que sí tenemos, lo que hemos logrado y lo que podemos hacer en el futuro.

El amor propio y profundo es la fuerza que nos permite seguir adelante, incluso cuando las circunstancias parecen imposibles. Este amor nos permite encontrar nuestras fortalezas y debilidades, y nos alienta a trabajar en nosotros mismos para ser la mejor versión de nosotros mismos.

Cuando ese amor propio se combina con el amor y el apoyo de aquellos que nos rodean, podemos lograr cosas maravillosas. Podemos inspirar y mover montañas juntos, superar cualquier crisis y solucionar los problemas más difíciles.

Así que no temas a la crisis, abraza la oportunidad y cultiva la esperanza, el agradecimiento y el amor propio profundo. ¡Juntos, podemos cambiar el mundo!

Hoy Agradezco por:

_____

_____

_____

_____

_____

_____

_____

_____

_____

_____

"Todo cambia, hasta el cambio, así que elige cómo te vas a sentir en cada instante."

Adriana Rodríguez

Día 14

Medita y reflexiona:

La vida es una constante evolución, todo fluye y todo cambia en cada instante. Pero lo maravilloso es que tú tienes el poder de decidir de qué manera te vas a sentir ante cada situación. Cuando el cambio llegue, abrázalo y acéptalo, porque es una oportunidad para crecer y aprender.

Enfócate en el presente, en aquello que puedes controlar, y deja de preocuparte por el pasado o el futuro. Si eliges sentirte positivo y optimista, atraerás más de eso a tu vida. Quizás los cambios no sean fáciles, pero depende de ti cómo vas a responder ante ellos.

Recuerda que eres más fuerte de lo que crees, y que estos momentos difíciles son sólo temporales. Mantén una mente abierta y dispuesta a aprender siempre, y verás cómo, poco a poco, cada cambio que enfrentes se convertirá en una oportunidad de crecer y ser mejor. Así que no temas al cambio, abraza cada momento y elige siempre sentirte feliz y agradecido por todo lo que la vida te ofrece.

Hoy Agradezco por:

_____

_____

_____

_____

_____

_____

_____

_____

_____

_____

"Siéntete merecedor y aprende a pedir ayuda cuando la necesitas."

Adriana Rodríguez

Día 15

Medita y reflexiona:

Todos tenemos momentos difíciles en la vida y a veces nos cuesta pedir ayuda. Pero es importante recordar que mereces todo lo mejor en la vida y no hay nada de malo en buscar apoyo cuando lo necesitas. No eres débil por pedir ayuda, al contrario, es un acto de valentía reconocer que no puedes hacerlo todo solo.

Aprende a aceptar que hay momentos en los que necesitas ayuda y no te sientas mal por ello. Todos hemos estado en situaciones donde necesitamos apoyo para seguir adelante. Aceptar la ayuda de otros es un acto de amor hacia ti mismo y te permitirá avanzar más rápido hacia tus metas.

Crea una red de apoyo positiva, rodeándote de personas que te apoyen y te animen en tu camino. No tengas miedo de pedir ayuda cuando lo necesitas, recuerda que todos necesitamos un poco de ayuda de vez en cuando.

Piensa en ti mismo como alguien que merece lo mejor de la vida, y confía en que mereces todo el amor y el apoyo que necesitas para alcanzar tus metas.

Hoy Agradezco por:

_____

_____

_____

_____

_____

_____

_____

_____

_____

_____

"Nuestro poder es infinito, el espíritu es la llave maestra."

Adriana Rodríguez

Día 16

Medita y reflexiona:

El poder que tenemos dentro de nosotros es realmente infinito, pero a menudo nos limitamos a nosotros mismos por nuestras propias dudas y miedos. Nos hace falta recordar que nosotros mismos somos la llave maestra que puede abrir cualquier puerta que deseemos.

El espíritu es la llave que puede ayudarnos a liberar nuestro potencial y alcanzar nuestras metas más altas. Al conectarnos con nuestro espíritu, podemos encontrar una fuerza que nos sostiene e inspira en momentos de incertidumbre y desafíos.

Al explorar los confines de nuestra propia existencia, podemos descubrir nuestras verdaderas pasiones y destreza, y utilizarlas para convertir nuestros sueños en realidad. Siempre debemos seguir adelante con valentía, confianza y determinación, porque el poder que llevamos dentro de nosotros siempre será más grande que cualquier obstáculo que se nos presente en el camino.

Recuerda siempre que tú eres un ser increíblemente poderoso, y que el espíritu es la llave maestra que puede ayudarte a desbloquear todo tu potencial. Cada vez que te sientas desanimado o sin motivación, toma un momento para conectarte con tu espíritu, y siente la fuerza interior que te anima hacia adelante. Deja que tu espíritu te guíe y te ayude a alcanzar todo lo que desees, porque tú eres dueño de tu destino y el poder que tienes dentro de ti es verdaderamente infinito.

Hoy Agradezco por:

_____

_____

_____

_____

_____

_____

_____

_____

_____

_____

"Nuestra misión siempre es generar valor en la vida de los demás a través de nuestras acciones."

Adriana Rodríguez

Día 17

Medita y reflexiona:

Como humanos, tenemos la capacidad de impactar la vida de los demás de formas sorprendentes. Nuestra misión debe ser utilizar esta capacidad para generar valor en la vida de aquellos que nos rodean. Cada pequeña acción que tomamos puede tener un gran impacto en la vida de alguien más. Ya sea dando una sonrisa a un extraño en la calle, ayudando a un amigo en necesidad, o inspirando a un colega a perseguir sus sueños, nuestra capacidad para generar valor es ilimitada.

Esta es una responsabilidad extraordinaria, pero también una oportunidad para hacer una diferencia real en el mundo. Así que, siempre tengamos presente nuestra misión de generar valor a través de cada acción que tomemos, y ayudemos a hacer del mundo un lugar mejor, uno pequeño acto de bondad a la vez.

Hoy Agradezco por:

_____

_____

_____

_____

_____

_____

_____

_____

_____

_____

"Eres más que baile;
eres poesía infinita."

Adriana Rodríguez

Día 18

Medita y reflexiona:

Eres más que un cuerpo en movimiento, eres una sinfonía que despierta emociones en quienes te observan. Tus movimientos hablan un lenguaje universal que va más allá de las palabras, creando una conexión profunda con el público.

Como la poesía, tus danzas cuentan historias, expresan sentimientos y transmiten mensajes. Eres arte en movimiento, transpirando belleza y alegría en cada paso.

No dejes que alguien te diga que no eres suficiente; eres una composición única, una obra maestra en constante evolución.

Sigue bailando, sigue sintiendo, sigue creando.

¡Eres poesía infinita!

Hoy Agradezco por:

_____

_____

_____

_____

_____

_____

_____

_____

_____

_____

"Abre tus ojos y sueña: el mundo es tuyo, el mundo es nuestro."

Adriana Rodríguez

Día 19

Medita y reflexiona:

Abre tus ojos y sueña, porque tus sueños son la llave hacia un futuro brillante y emocionante. El mundo es tuyo, el mundo es nuestro, y no hay límites para lo que podemos lograr si creemos en nosotros mismos y trabajamos duro para alcanzar nuestras metas.

No importa cuáles sean tus sueños, ya sean grandes o pequeños, puedes hacerlos realidad. Pero primero, debes abrir tus ojos a las posibilidades que te rodean, estar dispuesto a tomar medidas y enfrentar los desafíos que puedan surgir en el camino.

Sueña en grande y apunta alto, porque el éxito y la felicidad están esperando por ti. No te rindas en tus esfuerzos por lograr tus sueños, porque cada paso que das en la dirección correcta es un paso hacia una vida plena y satisfactoria.

Así que abre tus ojos, sueña con el corazón y trabaja con pasión. El mundo es tuyo para tomar, y juntos podemos hacer maravillas si seguimos nuestros sueños. Cada uno de nosotros tiene algo valioso que ofrecer al mundo, y es nuestra responsabilidad hacerlo realidad. ¡Así que adelante, haz tus sueños realidad!

Hoy Agradezco por:

_____

_____

_____

_____

_____

_____

_____

_____

_____

_____

"Brindemos por los sueños valientes para que puedan coexistir con el poder, el perdón y la esperanza."

Adriana Rodríguez

Día 20

Medita y reflexiona:

El filósofo griego Aristóteles afirmaba que la esperanza es el sueño del hombre despierto, como una visión utópica de algo en un futuro cercano, pero, sobre todo, de tu capacidad y determinación para alcanzar tus propios sueños e ilusiones.

La esperanza se define como la capacidad de ilusionarse y esperar que algo puntual suceda en el futuro, se desprende de la habilidad que las personas tenemos para imaginar, pero también de esa fuerza que muchos reconocen como propia del corazón, gracias a la esperanza alentamos a nuestros deseos y muchas veces cambiamos nuestra actualidad en virtud de algo mejor.

Mereces expresar tu divinidad en esta tierra y para eso, debes permitir que tu luz, crezca en ti.

Hoy Agradezco por:

_____
_____
_____
_____
_____
_____
_____
_____
_____
_____

"Ten muchas ganas y no miedos."

Adriana Rodríguez

Día 21

Medita y reflexiona:

Si quieres alcanzar tus metas y sueños, debes tener una actitud positiva, llena de motivación y sin permitir que el miedo te paralice. Solo así podrás lograr tus objetivos, superar los obstáculos y aprender de tus errores. No te rindas frente a las adversidades, mantén siempre tus ganas a flor de piel y haz todo lo que esté en tu manos para llegar a donde quieres llegar. Aprende de cada experiencia, sé resiliente y no dejes que el temor te impida progresar. Recuerda que siempre habrá obstáculos, pero lo importante es que mantengas tu pasión y tu determinación en cada momento. ¡No te detengas, sigue adelante y conquista tus metas con pasión y valentía!

Superar el miedo implica conocer exactamente qué te causa temor y ser consciente de tus reacciones emocionales y fisiológicas.

Una herramienta muy útil en este sentido es el mindfulness. Un minuto de mindfulness es aprender a través de las respiraciones soltar lo que nos agobia. Aprende a soltar tus miedos con muchas ganas.

Hoy Agradezco por:

_____
_____
_____
_____
_____
_____
_____
_____
_____
_____

"Cuando el mundo te dice que te rindas la esperanza susurra que lo intentes una vez más."

Adriana Rodríguez

Día 22

Medita y reflexiona:

En la oscuridad de la vida a veces necesitamos algo que nos inspire, algo tal vez incierto, voluble, pero una esperanza a la que nuestra fe le da forma. Muchas veces seguimos un camino que ni siquiera vemos, por una senda que ni siquiera sabemos si funcionara...

Nuestra esperanza se verá recompensada por nuestra determinación, por nuestra constancia y por nuestra disciplina. Es entonces cuando nos damos cuenta de que ha valido la pena, que a veces hay que tener paciencia además de fe para que las cosas salgan bien.

"Nunca desistas: sueña despierto y termina todo lo que te propongas".

Hoy Agradezco por:

_____

_____

_____

_____

_____

_____

_____

_____

_____

_____

"Nunca desistas: sueña despierto y termina todo lo que te propongas"

Adriana Rodríguez

Día 23

Medita y reflexiona:

No hay nada que pueda detenerte cuando tienes muchas ganas de lograr algo. No importa cuán grande sea el reto o cuán difícil parezca el camino, si mantienes tu determinación y enfoque, nada será imposible. Deja a un lado tus miedos y libera tu potencial. No permitas que la incertidumbre te paralice. Aprovecha cada oportunidad que se presente, rodéate de personas que te apoyen y sigue adelante con valentía y perseverancia.

Recuerda siempre que tu única competencia eres tú mismo y no hay límites para lo que puedas lograr. ¡Ten las ganas necesarias para alcanzar tus metas más ambiciosas y sorpréndete a ti mismo con lo que eres capaz de hacer!

Hoy Agradezco por:

_____

_____

_____

_____

_____

_____

_____

_____

_____

_____

"Eres una persona con infinitas posibilidades y capacidades para conquistar el mundo."

Adriana Rodríguez

Día 24

Medita y reflexiona:

¡Despierta! Abre tus ojos y obsérvate en el espejo, ¿qué ves? Una persona con infinitas posibilidades y capacidades para conquistar el mundo. Sí, el mundo es tuyo, es nuestro, está ahí afuera esperando ser explorado y conquistado por alguien con valentía y determinación.

No te dejes limitar por las situaciones externas, ni por las opiniones de los demás. Al contrario, utiliza cualquier obstáculo que encuentres en tu camino como una oportunidad para crecer y evolucionar. Sueña en grande, sin miedos ni temores, asumiendo riesgos y aceptando los desafíos que la vida te presente.

No importa cuánto tiempo hayas pasado dormido, nunca es tarde para empezar a soñar y a luchar por tus metas. Es hora de que despiertes y abras tus ojos a un mundo lleno de oportunidades. El futuro depende de ti, de tus decisiones y de tu actitud frente a la vida.

Así que no esperes más, ponte en marcha y haz realidad tus sueños. Descubre tu verdadero potencial y sal a volar alto como las águilas, conquistando cada rincón del mundo que se te presente. Porque el mundo es tuyo, es nuestro, y juntos podemos alcanzar las estrellas. ¡Adelante!

Hoy Agradezco por:

_____
_____
_____
_____
_____
_____
_____
_____
_____
_____

"Debería de dejar de preguntar lo imposible y sentir la energía. "

Adriana Rodríguez

Día 25

Medita y reflexiona:

Cada vez que nos ponemos a pensar en lo imposible, nos limitamos y nos restringimos a nosotros mismos. Nos enfocamos en lo que no se puede hacer en lugar de concentrarnos en lo que sí podemos lograr. Pero es justamente en esos momentos cuando debemos recordar que no hay nada imposible cuando se trata de alcanzar nuestros sueños y metas más preciadas.

En lugar de seguir preguntándonos lo que es imposible, deberíamos enfocarnos en sentir la energía que nos impulsa a seguir adelante. Esa energía divina que nos mueve hacia el éxito y la felicidad. Con esa energía, podemos hacer cosas que parecían inalcanzables en el pasado. Podemos alcanzar nuevas alturas y hacer realidad nuestros más grandes deseos.

Así que no te rindas ante lo que parece imposible. Enfócate en tu energía y deja que te lleve hacia donde quieres ir. No hay límites para lo que puedes lograr siempre y cuando creas en ti mismo y en tus capacidades. Lo único verdaderamente imposible es aquello en lo que no crees. Toma tus sueños en tus manos y sigue adelante, Empodérate, Tú Puedes lograr todo lo que te propongas!

Hoy Agradezco por:

_____

_____

_____

_____

_____

_____

_____

_____

_____

_____

"Ámate siempre.
No hay nadie como
tú."

Adriana Rodríguez

Día 26

Medita y reflexiona:

Ámate siempre, porque eres una creación única y especial de este mundo. No hay nadie como tú y eso es lo que te hace extraordinario. Aprende a amarte en cada faceta de tu vida, tanto en los días buenos como en los malos. Acepta tus errores y tus diferencias, porque son parte de lo que te hacen ser tú mismo. A veces puede ser difícil, pero recuerda que la verdadera belleza surge del amor propio y la confianza que desprendes de ti mismo.

No permitas que las exigencias de la sociedad, los estereotipos o la comparación con los demás te hagan dudar de tu valor. Eres valioso, eres importante, eres capaz de lograr todo lo que te propongas. No te detengas ante las dificultades, porque son oportunidades de crecimiento y superación.

Encuentra la felicidad dentro de ti mismo, sin depender de nadie más para encontrarla. Cultiva tus pasiones, tu creatividad, tus habilidades. Inspira a otros con tu luz y tu amor propio. Ama a los demás, pero antes de eso, ámate a ti mismo. Porque cuando te amas, eres una fuerza positiva en el mundo. No dudes en ser tú mismo, siempre ámate y verás que el mundo a tu alrededor también se llenará de amor y de luz.

Hoy Agradezco por:

_____

_____

_____

_____

_____

_____

_____

_____

_____

_____

"Abre tus ojos y
sueña despierto."

Adriana Rodríguez

Día 27

Medita y reflexiona:

Abre tus ojos y sueña, porque tus sueños son la llave hacia un futuro brillante y emocionante. El mundo es tuyo, el mundo es nuestro, y no hay límites para lo que podemos lograr si creemos en nosotros mismos y trabajamos duro para alcanzar nuestras metas.

No importa cuáles sean tus sueños, ya sean grandes o pequeños, puedes hacerlos realidad. Pero primero, debes abrir tus ojos a las posibilidades que te rodean, estar dispuesto a tomar medidas y enfrentar los desafíos que puedan surgir en el camino.

Sueña en grande y apunta alto, porque el éxito y la felicidad están esperando por ti. No te rindas en tus esfuerzos por lograr tus sueños, porque cada paso que das en la dirección correcta es un paso hacia una vida plena y satisfactoria.

Así que abre tus ojos, sueña con el corazón y trabaja con pasión. El mundo es tuyo para tomar, y juntos podemos hacer maravillas si perseguimos nuestros sueños. Cada uno de nosotros tiene algo valioso que ofrecer al mundo, y es nuestra responsabilidad hacerlo realidad. ¡Así que adelante, crea tus propios sueños!

Hoy Agradezco por:

_____

_____

_____

_____

_____

_____

_____

_____

_____

_____

"Logra tus objetivos, supera los obstáculos y aprende de tus errores."

Adriana Rodríguez

Día 28

Medita y reflexiona:

Si quieres alcanzar tus metas y sueños, debes tener una actitud positiva, llena de motivación y sin permitir que el miedo te paralice. Solo así podrás lograr tus objetivos, superar los obstáculos y aprender de tus errores. No te rindas frente a las adversidades, mantén siempre tus ganas a flor de piel y haz todo lo que esté en tu mano para llegar a donde quieres llegar. Aprende de cada experiencia, sé resiliente y no dejes que el temor te impida progresar.

Recuerda que siempre habrá obstáculos, pero lo importante es que mantengas tu pasión y tu determinación en cada momento.

¡No te detengas, sigue adelante y conquista tus metas con pasión y valentía!

Hoy Agradezco por:

_____

_____

_____

_____

_____

_____

_____

_____

_____

"Aprende a amarte de una manera clara."

Adriana Rodríguez

Día 29

Medita y reflexiona:

Cada día me despierto con una tarea especial: Aprender a amarme de una manera clara.

Es difícil aceptar que hay veces que me dejo al olvido. Sin embargo debo ser mi primera prioridad, eso lo he aprendido con un: (escribe con tus propias palabras)

_____
_____
_____

Así que aunque me cueste aceptar que me dejé al olvido. Debo aprender a amarme como mi primera prioridad. Debo primero aprender a amarme de verdad.

¡Hoy soy yo primero!

Hoy Agradezco por:

_____
_____
_____
_____
_____
_____
_____
_____
_____

"Somos espíritu
viviendo una
experiencia espiritual,
es tiempo de sanar
mis heridas."

Adriana Rodríguez

Día 30

Medita y reflexiona:

Nunca es tarde para hacer el trabajo espiritual necesario para sanar las heridas que llevamos cargando por tanto tiempo. Cada uno de nosotros es un ser de luz, un espíritu que ha descendido al mundo físico para vivir una experiencia única e irrepetible.

A lo largo del camino, a menudo nos encontramos con obstáculos y situaciones dolorosas que nos hieren emocionalmente y bloquean nuestro flujo de energía vital. Pero esto no significa que debemos permitir que estas heridas definan nuestra experiencia y dicten nuestro futuro.

Al tomar el tiempo para sanar nuestras heridas, estamos haciendo un acto de amor y autocuidado que nos permite volver a nuestro estado natural de alegría, paz y plenitud. Podemos liberarnos del dolor, el miedo y la culpa, y abrirnos a la energía divina que fluye a través de nosotros.

Así que te invito a que te tomes este tiempo para sanar tus heridas. Mira hacia dentro con amor y compasión, y toma las medidas necesarias para liberarte de las ataduras que te impiden vivir plenamente. Confía en que tu espíritu te guiará en este camino hacia la sanación y la transformación. Recuerda que eres un ser de luz, y que mereces vivir una vida llena de amor, abundancia y alegría. ¡Adelante!

Hoy Agradezco por:

_____

_____

_____

_____

_____

_____

_____

_____

_____

_____

"Existe una responsabilidad espiritual en cada persona de dar lo mejor de sí y mostrar al mundo su luz interior."

Adriana Rodríguez

Día 31

Medita y reflexiona:

Cada uno de nosotros tiene una chispa divina dentro de nosotros que nos impulsa a ser la mejor versión de nosotros mismos. Debemos reconocer que no estamos aquí simplemente para existir, sino para crear un impacto positivo en nuestro entorno y en la vida de otras personas. Al dar lo mejor de nosotros y mostrar nuestra luz, podemos inspirar a otros a hacer lo mismo y juntos crear un mundo mejor y más amoroso.

 La responsabilidad espiritual que tenemos es la de ser un faro de esperanza y positividad en un mundo que a menudo puede ser sombrío y desafiante. No subestimes el poder de tu propia grandeza y recuerda que eres capaz de alcanzar cosas increíbles cuando das lo mejor de ti mismo.

Hoy Agradezco por:

_____

_____

_____

_____

_____

_____

_____

_____

_____

"La sincronicidad
existe y fluye como si
no pusiéramos
ningún esfuerzo."

Adriana Rodríguez

Día 32

Medita y reflexiona:

La vida es un conjunto de situaciones que se presentan ante nosotros de manera inesperada y muchas veces sin sentido aparente, pero la sincronicidad o Diosidencias vienen a demostrarnos que todo tiene un propósito y un significado que nos guía hacia nuestro camino. Esta fuerza invisible parece fluir por sí misma, haciendo que todo se conecte de manera perfecta e inexplicable. Creer en la sincronicidad o Diosidencias es tener fe en que el Universo nos lleva de la mano hacia nuestro destino, aunque a veces el camino sea difícil y lleno de obstáculos.

Cuando dejamos de luchar contra lo que sucede y nos entregamos a la sabiduría del Universo, empezamos a seguir los designios del Cosmos, y todo comienza a encajar de forma natural y mágica, sin que tengamos que hacer demasiado esfuerzo.

La sincronicidad o Diosidencias existen y nos recuerdan que no estamos solos, que somos parte de una fuerza universal que nos protege y nos guía hacia nuestro propósito de vida. Confía en ella, abre tu corazón y deja que la magia suceda.

Hoy Agradezco por:

_____

_____

_____

_____

_____

_____

_____

_____

_____

_____

"El poder del universo sólo exige una cosa y es simplemente accionarte y empezar."

Adriana Rodríguez

Día 33

Medita y reflexiona:

El Universo es un lugar inmenso y misterioso, lleno de posibilidades y oportunidades infinitas. Sin embargo para que esas posibilidades se conviertan en realidad, se necesita una cosa muy importante: acción. Sin acción, todas nuestras ideas, planes y sueños se quedan en el limbo de lo posible.

El poder del Universo nos rodea y nos impulsa a avanzar, a buscar nuestras metas y a lograr nuestros objetivos. Esa fuerza sólo se activa cuando nosotros nos activamos. Es decir, cuando tomamos la iniciativa y nos ponemos en marcha hacia aquello que queremos.

No importa cuál sea tu sueño o tu meta. Ya sea que quieras empezar un negocio, escribir un libro, viajar por el mundo o encontrar el amor verdadero, lo único que importa es que empieces a moverte. A dar pequeños pasos, a tomar decisiones, a hacer algo cada día que te acerque un poco más a tu meta.

El camino puede ser largo y difícil, pero si te mueves con determinación y pasión, el Cosmos se alineará a tu favor y te ayudará a conseguir lo que deseas. Recuerda que la magia no está en lo que el universo te da, sino en lo que tú haces con lo que recibes. El poder del Universo está en ti, solo debes accionarte y empezar.

Hoy Agradezco por:

_____

_____

_____

_____

_____

_____

_____

_____

_____

_____

"¡Eres una fuente de inspiración para alguien más.!"

Adriana Rodríguez

Día 34

Medita y reflexiona:

Tal vez no lo sepas o tal vez no lo creas, pero hay personas a tu alrededor que te admiran por tu perseverancia, tu fuerza y tu coraje.

A veces, cuando nos enfrentamos a momentos difíciles o desafiantes, podemos caer en la tentación de dudar de nosotros mismos, de creer que no somos lo suficientemente buenos o capaces. Pero siempre recuerda que eres alguien especial y único, con habilidades y talentos que nadie más tiene.

Siempre cree en ti mismo y en tus posibilidades. No te rindas ante los obstáculos o las dificultades, porque siempre hay una solución y una manera de superarlos. Recuerda que el éxito no se trata de nunca fallar, sino de levantarse cada vez que fallas.

En este camino de la vida, es importante recordar que cada uno de nosotros es un ejemplo y una inspiración para alguien más. Así que sigue adelante, avanza con paso firme y confía en que puedes lograr cualquier cosa que te propongas.

No importa qué desafío enfrentes, siempre recuerda que tienes la fuerza, la capacidad y el coraje para superarlo. Eres una fuente de inspiración para alguien más, y siempre será así mientras tengas la valentía de seguir adelante. Cree en ti mismo, en tus sueños y en tus objetivos, y verás que todo es posible. ¡Adelante. Empodérate, Tú Puedes!

Hoy Agradezco por:

_____

_____

_____

_____

_____

_____

_____

_____

_____

_____

"Yo soy
amor
Y amo
quién soy."

Adriana Rodríguez

Día 35

Medita y reflexiona:

Me levanto cada mañana con la certeza de que mi existencia es un regalo precioso, y me comprometo a vivir mi vida de tal manera que refleje ese amor inmenso que llevo dentro.

A través de mis acciones, palabras y pensamientos, elijo ser una fuente de amor incondicional para mí misma y para los demás. Entiendo que el amor no tiene límites y que cuanto más lo compartimos, más se expande, creando una cadena invencible de conexiones profundas y significativas.

Acepto con gratitud cada aspecto de quién soy, reconociendo que soy única y valiosa tal como soy. Celebrar mis fortalezas y aceptar mis debilidades es parte de mi camino de amor propio. Me comprometo a ser amable conmigo misma en las dificultades y a honrar mis logros y crecimiento con gratitud y alegría. Al abrazar el amor incondicional por mí misma, también puedo amar auténticamente a los demás. Me dedico a ofrecer actos de bondad, compasión y comprensión a quienes me rodean, porque sé que todos estamos en el mismo viaje en busca del amor y la aceptación.

Soy consciente de que el camino del amor puede tener obstáculos y desafíos, pero en cada paso me fortalezco y aprendo a amar aún más profundamente. Con cada experiencia, mi luz interna brilla más brillante y mi amor rezuma hacia el mundo que me rodea. Así que hoy y siempre, afirmo con convicción que soy amor y que amo quién soy. Mi amor es ilimitado, un poderoso faro que guía mi existencia y enciende el corazón de aquellos que se cruzan en mi camino. ¡Que mi amor irradie en cada rincón de este mundo, creando una ola de amor y transformación!"

Hoy Agradezco por:

_____

_____

_____

_____

_____

_____

_____

_____

_____

_____

"Lo importante eres tú".

Yo soy el ahora,

soy la salud que fluye,

soy la riqueza del espíritu,

soy la abundancia del mañana.

Me amo,

me valoro,

me respeto,

me perdono,

libero

y

agradezco."

¡Fin!

Made in the USA
Middletown, DE
25 June 2024

56281428R00064